Spanish Novels

Muerte en

Buenos Aires

PACO ARDIT

*To all the Spanish learners
who are putting forth effort
to learn the language*

The Author

Best Free Resources for Spanish Learners (PDF)

Download the free PDF gift and get other freebies and bonuses from Spanish Novels by email:

Suscribe to claim your gift:
http://spanishnovels.net/gift/

The Book & the Author

Muerte en Buenos Aires is an Easy (A1) Reader for Spanish learners. The book is written in a simple and direct style: short chapters and sentences, and easy grammar. Each chapter is just 5/6 sentences long. In order to help you start thinking in Spanish, <u>no English translations are provided</u>.

Paco Ardit is a Spanish writer and language teacher living in Argentine since the 1980s. He loves helping people learn languages while they have fun. As a teacher, he uses easy readers with every one of his students. Paco speaks Spanish (his mother tongue), and is fluent in French and English.

Paco Ardit's Author Page on Amazon
http://amazon.com/author/pacoardit

Spanish Novels Series Website
http://spanishnovels.net

Free Online Exercises

Get free access to a complementary set of online exercises based on the Spanish Novels Series. All the exercises were designed by Paco Ardit to help you get the most out of your readings.

Muerte en Buenos Aires exercises

https://goo.gl/SQhWej

All the exercises

https://www.spanishnovels.net/exercises

Who Should Read This Book

Anyone who already knows the basics of the Spanish language is ready to read this book. I assume you have a general knowledge of personal pronouns, articles, and some common verbs/nouns in Spanish. The only verb tense you need to know to read this book is simple present.

Contents

Capítulo 1

Miguel es un detective privado.

Él tiene 32 años y vive solo.

Su ídolo es James Bond.

Le gustan todas sus películas.

También le gustan

las novelas policiales.

Capítulo 2

Miguel vive en
Buenos Aires, Argentina.
Tiene un departamento
en Palermo.
Él vive con su perro Yako.
Todos los días él pasea a su perro.
Yako es un perro pequinés.

Capítulo 3

Por la mañana, Miguel toma café.
Toma una o dos tazas de café.
Le pone mucha azúcar.
Con el café come croissants.
A veces también come
bay biscuits.

Capítulo 4

El día de Miguel
empieza a las 7am.
A las 7am se despierta.
A las 7.15am se baña.
A las 7.30am toma su desayuno.
Y a las 8am empieza a trabajar.

Capítulo 5

El trabajo de Miguel es difícil.

Él es un detective privado.

Los detectives investigan casos.

Algunos casos son robos.

Otros son muertes y asesinatos.

Capítulo 6

Estos son los hobbies de Miguel:

-Mirar videos en YouTube

-Chatear en Facebook

-Cocinar comida vegetariana

-Ir al cine con amigos

Capítulo 7

A Miguel también le
gustan las series.
Mira series de todo tipo.
Lost y Los Soprano
son sus favoritas.
También le gustan
las películas de acción.
Sobre todo, las de
efectos especiales.

Capítulo 8

Los fines de semana
Miguel sale a bailar.
A él le gusta mucho bailar salsa.
El ritmo de salsa es muy alegre.
También le gusta
la música de Brasil.
Baila todo tipo de música.

Capítulo 9

Los días domingo
Miguel descansa.
También invita
a sus amigos a comer.
Siempre prepara
comida vegetariana.
El arroz al curry es su favorito.
A sus amigos también les gusta.

Capítulo 10

Los domingos
Miguel también organiza.
Planea toda la semana.
Hace llamados por teléfono.
Responde e-mails.
Y lava la ropa.

Capítulo 11

Los viernes por la noche
Miguel va al bar.
En el bar charla con sus amigos.
Todos fuman, pero él no.
Él tampoco toma alcohol.
Siempre pide Fanta o Coca-cola.

Capítulo 12

Hoy es viernes y son las 11.30pm.

Miguel está en el bar

con sus amigos.

Sus amigos se llaman Fito y Paco.

Fito tiene 45 años.

Paco tiene 40 años.

Capítulo 13

Miguel y sus amigos
hablan de fútbol.
"El mundial lo gana Argentina",
dice Miguel.
"Imposible. Lo gana Brasil",
dice Fito.
"Nosotros tenemos a Messi"
"¡Messi es solo un jugador!"

Capítulo 14

Paco escucha la charla y piensa:
Yo pienso que no gana
ninguno de esos.
No va a ganar
ni Argentina ni Brasil.
El mundial 2014
lo gana Alemania.
De eso estoy seguro.

Capítulo 15

Miguel está enojado y dice:
"Yo quiero que gane Argentina.
Hace casi 30 años
que no ganamos.
Esta vez tenemos que ganar.
Acuérdense
que tenemos a Messi".

Capítulo 16

Miguel escucha el beep
de su celular.
Mira la pantalla y tiene un SMS.
El mensaje de texto dice:
"cómo andás miguel.
¿estás ocupado?
te necesitamos urgente."

Capítulo 17

"Qué mensaje extraño",
piensa Miguel.
El SMS lo envía Claudia.
Claudia es una mujer policía.
Miguel quiere seguir en el bar.
Pero ahora se tiene que ir.

Capítulo 18

Toma las llaves del auto
y sale del bar.
En su auto,
Miguel responde el SMS:
"hola claudia. qué sucede?
dime por sms e iré hacia allá.
llego en media hora"

Capítulo 19

Claudia responde
el mensaje de texto:
"una mujer asesinada.
una abogada.
tenemos muy pocas pistas.
parece un caso difícil.
te esperamos acá"

Capítulo 20

Miguel llega al lugar del crimen.

Hay muchos policías.

También hay periodistas.

Algunos sacan fotos.

Otros filman videos

con sus cámaras.

Capítulo 21

El departamento no es grande.

Tiene un living y una habitación.

En el living hay un sofá pequeño.

Las paredes y el piso son negros.

En el piso hay un cuerpo.

Es el cadáver de Eva.

Capítulo 22

El cuerpo de Eva tiene una bolsa.

Los periodistas sacan más fotos.

Nadie habla y todos miran.

Miguel encuentra a Claudia.

"Hola, Miguel",

lo saluda Claudia.

"¿Qué tal?", responde Miguel.

Capítulo 23

"¿Cuál es la información?",
dice Miguel.
"Hay poca información",
dice Claudia.
Claudia le cuenta lo que sabe:
Una mujer de 53 años asesinada.
Aparece muerta en su
departamento.
No hay pistas
ni manchas de sangre.

Capítulo 24

"Qué raro, ¿no?",
comenta Miguel.
"Sí, muy raro", dice Claudia.
"¿Un robo, tal vez?", dice Miguel.
"No lo creo", responde Claudia.
"¿Y las pericias?",
pregunta Miguel.
"Ahora te cuento",
dice Claudia.

Capítulo 25

Claudia le cuenta
el informe del crimen:
Muerte por asfixia.
El asesino ahoga a la víctima.
La víctima no recibe oxígeno.
Dificultad para respirar.
Asfixia seguida de muerte.

Capítulo 26

Claudia le cuenta sobre
Eva, la víctima:
Eva es una mujer de 53 años.
Ella trabaja como abogada.
Le falta un año para retirarse.
Vive sola en su departamento.
Tiene dos hijos.

Capítulo 27

Claudia le cuenta más sobre Eva:

Eva tiene tres amigas.

Ellas van juntas a todos lados.

Los fines de semana

comen juntas.

A veces, van a tomar algo.

O practican deporte juntas.

Capítulo 28

Un día típico de Eva:

Se despierta a las 6am.

Come su desayuno

(fruta y cereales).

Sale a correr por 30 minutos.

Se da una ducha.

Trabaja de 9am a 4pm.

Capítulo 29

Eva no tiene enemigos.

Todos quieren a Eva.

Nadie entiende el crimen.

Tal vez se trata de un robo.

O de un enemigo.

O de un amante.

Capítulo 30

"Bueno, voy a investigarlo",
dice Miguel.
*"Avisame en cuanto
tengas novedades"*,
dice Claudia.
Miguel saluda a Claudia.
Luego, sale del departamento.
Ahora está en la calle.
Enciende el motor del auto
y se va.

Capítulo 31

Hoy es sábado por la mañana.
Miguel está acostado en su cama.
Mientras está en la cama, piensa:
"No tengo ganas de levantarme.
Hoy quiero seguir durmiendo.
No quiero ir a trabajar".

Capítulo 32

De repente, se acuerda de Eva.

Piensa en Eva

en el piso de su casa.

Ahora Miguel piensa:

"Tengo que investigar el caso.

Necesito encontrar alguna pista.

Miguel sale de la cama

de un salto".

Capítulo 33

Después de levantarse,

Miguel se ducha.

Miguel se ducha todos los días.

Después de ducharse,

alimenta a su perro.

Su perro, Yako,

come una vez al día.

Ahora Miguel toma su desayuno.

Hoy toma café con bay biscuits.

Capítulo 34

Ahora Miguel está listo
para trabajar.
Toma las llaves de su auto y sale.
Va al departamento de Eva.
Quiere investigar
el lugar del crimen.
Necesita alguna pista.
Él quiere capturar al asesino.

Capítulo 35

El departamento de Eva
está casi vacío.
Hay una sola persona.
Miguel hoy puede
investigar mejor.
Mira todos los rincones
del departamento.
Usa todas sus
herramientas de detective.
En el suelo no hay ninguna pista.

Capítulo 36

Miguel mira
la computadora de Eva.
Prende la computadora de Eva.
La computadora
no tiene contraseña.
Entra al navegador
Google Chrome.
Revisa el Historial de páginas.
No encuentra ninguna pista.

Capítulo 37

Ahora Miguel entra
en las cuentas de Eva.
Entra a Facebook
y al mail de Eva.
Revisa el Historial de mensajes.
Lee todos los mensajes del mes.
Lee cada mensaje
de Facebook y de e-mail.
Lee los mensajes
durante dos horas.

Capítulo 38

Miguel lee cada mensaje.

No encuentra ninguna pista útil.

Está un poco enojado.

Levanta el mouse y lo golpea.

Levanta el teclado y lo golpea.

Entonces ve un papel

debajo del teclado.

Capítulo 39

El papel tiene una dirección de Internet:

www.buscogente.com/rody4566/

Miguel entra al sitio web.

Es un sitio para conocer gente.

Es el perfil de usuario de Rodolfo.

Miguel ahora tiene una pista.

Capítulo 40

Miguel entra a la cuenta de Eva.
La cuenta de Eva en
Buscogente.com.
Miguel revisa todos sus mensajes.
Hay un solo destinatario:
todos los mensajes
son para Rodolfo.
Miguel tiene una buena pista.

Capítulo 41

Miguel guarda
todos los mensajes.
Los almacena en su Pendrive.
Son 121 mensajes privados.
Guarda los mensajes
para leerlos después.
Ahora está un poco cansado.
Son las 4pm y Miguel
quiere almorzar.

Capítulo 42

Miguel come su almuerzo
en un restaurant.
Hoy come un risotto con
champiñones.
A Miguel le gusta mucho el arroz.
Mientras come el risotto piensa:
"Ahora tengo algunas pistas.
Tengo que encontrar al asesino".

Capítulo 43

Después del risotto,
Miguel pide postre.
Miguel llama al mozo:
"¿Puede ser un helado de coco?",
pide.
El mozo le contesta a Miguel:
"De coco no hay.
Pero hay de banana"
"Está bien. Le pido uno",
dice Miguel.

Capítulo 44

Miguel vuelve a su casa.

Ahora son las 5.30pm.

Yako, su perro,

lo recibe con saltos.

Miguel saca a pasear a Yako.

Caminan juntos

durante media hora.

Ahora son las 6.10pm.

Capítulo 45

Ahora son las 10.30pm.
Como todos los sábados,
Miguel va a bailar.
Siempre va a la *"salsera"*
con amigos.
Sus amigos también bailan salsa.
Hoy va a bailar
con dos amigos policías.
Sus amigos se llaman
Marco y Juan.

Capítulo 46

Marco y Juan
le preguntan sobre Eva:
"*¿Cómo va lo de la abogada?*",
preguntan.
"*¡Información confidencial!*",
dice Miguel.
"*Dale, cuéntanos algo*", le dicen.
"*Todavía no se puede*",
contesta Miguel.
Marco y Juan no dicen nada.

Capítulo 47

Miguel y sus amigos
empiezan a bailar.
Ahora suena una canción
de Marc Anthony.
A Miguel le encanta
Marc Anthony.
Todos bailan agitados.
En la pista hace mucho calor.
Todos toman bebidas frías.

Capítulo 48

En la salsera ahora
se escucha otra canción.
Es un tema de Jandy Feliz.
El nombre del tema es *"Cariñosa"*.
Miguel está bailando
con una chica joven.
La chica se llama Julieta.
Ella tiene unos 25 años.

Capítulo 49

Miguel y sus amigos
siguen bailando.
Bailan hasta las 5am.
A esa hora se van de la *"salsera"*.
Sus dos amigos tienen auto.
Cada uno conduce hasta su casa.
Miguel llega a casa a las 6am.

Capítulo 50

Hoy es domingo
y Miguel no trabaja.
Es la 1pm y Miguel
aún tiene sueño.
Quiere seguir durmiendo.
Pero debe levantarse de la cama.
Da un salto de la cama
y se levanta.
Luego se da un largo baño.

Capítulo 51

Miguel hoy puede descansar.

A las 2pm prepara su comida.

Es un guisado de

lentejas con papas.

Es una de sus comidas preferidas.

A su perro Yako también le gusta.

Los dos comen mucho.

Capítulo 52

A las 3pm
Miguel llama a Fabiana.
Habla con Fabiana por Skype.
Ella es su co-equiper.
Fabiana también
es detective privado.
Trabaja con Miguel
en el caso Eva.
Miguel le cuenta las novedades.

Capítulo 53

Fabiana tiene 29 años y es soltera.

Ella y Miguel son amigos.

Fabiana vive en Recoleta.

Tiene pelo negro y es alta.

Sus ojos son color marrón claro.

Fabiana es de piel morena.

Capítulo 54

Fabiana y Miguel siempre
trabajan juntos.
Fabiana es muy inteligente.
A Miguel le gusta eso.
Los dos hacen un buen equipo.
Siempre resuelven
todos los casos.
Ahora quieren resolver
el caso Eva.

Capítulo 55

Miguel piensa en una trampa.

Quiere atrapar al asesino de Eva.

Para eso, él crea un plan.

Tiene todo planeado.

¡Es un muy buen plan!

Ahora se lo cuenta a Fabiana.

Capítulo 56

"Fabiana, este es mi plan:
Voy a enviarle
un mensaje a Rodolfo.
Voy a decirle que soy una mujer.
Creo que puedo engañarlo.
Voy a hacer una emboscada.
Y vamos a atraparlo"

Capítulo 57

Miguel entra al sitio
buscogente.com.
Le envía un mensaje a **rody4566**.
El nickname
de Miguel es **lore775**.
Rody5666 le responde rápido.
Se escriben varios mensajes.
"Está funcionando",
piensa Miguel.

Capítulo 58

Estos son los mensajes
que envían:

rody4566: *quiero verte.*
Dónde vivís?
lore775: *mmm.. en palermo. Vos?*
rody4566: *Belgrano. Esta noche?*
lore775: *Dale.. en Vonix Club.*
rody4566: *Ok. Ya tenés mi celular.*

Capítulo 59

Miguel está muy ansioso.

Sabe que puede

atrapar al asesino.

Fabiana lo tranquiliza:

"Todo va a andar bien".

Miguel contesta y sonríe:

"Si, ya lo sé. Ya lo sé".

Capítulo 60

Miguel se prepara para la trampa.

Es sábado a la noche.

Hoy Miguel se viste

como una mujer.

Le pide ropa de mujer a Fabiana.

Fabiana le presta a Miguel

una pollera.

También le presta

una remera ajustada.

Capítulo 61

Miguel y Fabiana
están en la Discoteca.
El lugar se llama Vonix Club.
Miguel parece una mujer:
lleva una pollera larga,
una remera larga, un saco,
y zapatos negros con taco.

Capítulo 62

Miguel está sentado en la barra.

Le pide un trago al barman.

Pide un daiquiri *"sin alcohol"*.

El barman lo mira y se ríe.

Miguel también ríe un poco.

"De frutilla, sin alcohol", repite.

Capítulo 63

"Yo tampoco tomo alcohol",
dice un hombre
al lado de Miguel.
Miguel lo reconoce rápido:
es Rodolfo, de *buscogente.com*.
Rodolfo le guiña un ojo a Miguel.
Él cree que Miguel es una mujer.

Capítulo 64

Miguel y Rodolfo
empiezan a charlar.
Conversan y se ríen.
Ambos beben
sus tragos sin alcohol.
Rodolfo mira a Miguel y le habla.
Aún no sabe que él
no es una mujer.
Miguel saca su celular.

Capítulo 65

Ahora Miguel
envía un SMS a Fabiana:
"estoy en la barra con Rodolfo.
nos vemos afuera en 20min"
Fabiana le responde el SMS:
"buenísimo. no te apures.
y tené mucho cuidado"

Capítulo 66

Rodolfo le pregunta a Miguel:

"¿Vamos a otro lado?"

Miguel responde:

"¿A otro bar?"

Rodolfo: *"No, a mi casa"*

Miguel: *"Mmm... bueno"*

Capítulo 67

Fabiana espera afuera.

Está en la puerta de Vonix Club.

Ahora Miguel y Rodolfo

salen de la disco.

Fabiana se acerca a ellos.

Miguel abrazo a Rodolfo.

Luego lo tira al suelo.

Capítulo 68

Miguel atrapa a Rodolfo.

Le pone esposas en sus manos.

Ahora, Rodolfo

no puede moverse.

Fabiana mira desde cerca.

Luego, llama al 911.

Llega la policía.

Capítulo 69

La policía captura a Rodolfo.

Rodolfo habla y grita mucho.

Repite siempre lo mismo:

"No hice nada"

"Yo soy inocente"

"No hice nada"

Capítulo 70

Miguel y Fabiana
cumplen su trabajo.
La policía se lleva a Rodolfo.
Lo llevan a la prisión.
Luego viene el juicio.
Al final, Rodolfo es el asesino.
La pena es cadena perpetua.

Capítulo 71

Para festejar,
Miguel cena con amigos.
Son sus amigos de siempre.
Comen en una pizzería
de la ciudad.
Miguel toma cerveza sin alcohol.
Todos bromean y hacen chistes.
Miguel también bromea.

Capítulo 72

"Hoy no estás vestido de mujer",
le dice Paco a Miguel.
"No, eso es
los sábados a la noche.
Acordate de que
hoy es domingo",
contesta Miguel.
Todos se ríen del chiste.

Capítulo 73

Ahora le preguntan a Miguel:

"Un caso difícil, ¿no?"

Miguel responde:

"No tanto. Como todos los casos"

Fito le dice:

"¡No te hagas el humilde!"

Capítulo 74

"Es peligroso conocer
gente por Internet",
le dice Marcos a Miguel.
"Y... depende.
¡Hay que tener cuidado!",
contesta Miguel.
"A veces puede ser peligroso",
dice Miguel al final.

Capítulo 75

Miguel piensa en cómo
conoce gente.
Él no conoce gente online.
Siempre visita
a sus amigos en bares.
A veces, ellos van a su casa.
Otras veces, Miguel
los visita a ellos.
Casi nunca hablan por Internet.

Capítulo 76

Miguel tiene muy buenos amigos.

Ellos siempre ayudan a Miguel.

Miguel también los ayuda a ellos.

Algunos son policías o detectives.

Tienen distintas profesiones.

Casi todos sus amigos

son muy curiosos.

Capítulo 77

"Queremos saber más.
Contanos un poco del caso",
le pregunta Fito.
"Mmm... ¿qué querés saber?",
dice Miguel.
"¿Recordás el primer
día del caso?"

Capítulo 78

Miguel recuerda el primer
día del caso Eva:
Está sentado en un bar
y recibe un SMS.
Es el mensaje de Claudia.
Tiene que ir a investigar el caso.
En ese momento
también está con amigos.
Justo como ahora.

Capítulo 79

Ahora Miguel escucha
el beep de su celular.
Mira la pantalla y tiene un SMS.
Miguel piensa en su interior:
"Seguro es otro caso.
No tengo ganas de salir otra vez.
Estoy muy cansado"

Capítulo 80

Esta vez no es un caso.

El mensaje es una invitación.

Es Fabiana, su co-equiper.

El SMS de Fabiana dice:

"como andas miguel.

¿querés ir a tomar algo?"

Other Books by the Author

Beginners (A1)

- Muerte en Buenos Aires

- Ana, estudiante

- Los novios

- Tango milonga

- Fútbol en Madrid

Pre Intermediates (A2)

- Laura no está

- Porteño Stand-up

- Un Yankee en Buenos Aires

- Pasaje de ida

- El Hacker

Intermediates (B1)

- Comedia de locos
- Amor online

- Viaje al futuro
- La última cena

Upper-Intermediates (B2)

- Perro que habla no muerde

- La maratón

- Marte: 2052

- El robo del siglo

- Llamada perdida

Advanced Learners (C1)

- El día del juicio

- La fuga

- Paranormal

High Advanced Learners (C2)

- La última apuesta

- Tsunami

- Elektra

Spanish Novels Series

http://spanishnovels.net

Made in the USA
Middletown, DE
10 December 2018